### 원종우 글

내 이름은 원종우. 흔히 파토쌤이라고 불리죠. 사람들에게 과학을 쉽게
설명하는 일을 하고 있어요. 여러분이 어릴 때부터 과학에 관심을 갖고
그 관심이 어른이 되어서도 식지 않았으면 하는 바람으로
《엉뚱하지만 과학입니다》를 쓰고 있어요. 내가 그랬던 것처럼요.
라디오나 TV에서 과학 이야기를 자주 하고, 〈과학하고 앉아있네〉와 같은
과학 팟캐스트도 하고 있어요. 《태양계 연대기》와
《나는 슈뢰딩거의 고양이로소이다》 같은 공상 과학 소설도 썼답니다.

### 최향숙 글

재미있는 이야기를 지어내는 걸 좋아해서 동화를 쓰기 시작했어요. 그동안
과학책으로는 《겁쟁이 공룡 티라노사우루스》, 《우글와글 미생물을 찾아봐》,
《우리 집 부엌이 수상해》 등을 썼지요. 《엉뚱하지만 과학입니다》를 써야겠다고
마음먹은 건, 영재 학교에 다니는 고등학생 아들 덕분이에요. 엉뚱한 상상이
없으면 기발한 생각도 나오기 힘들다는 걸 깨닫게 해 주었거든요. 여러분이
어릴 때부터 엉뚱한 생각을 많이 하기를 바라는 마음으로 이 책을 썼답니다.

### 임다와 그림

마음을 따뜻하고 즐겁게 해 주는 그림책의 매력에 빠져 그림 작가가 되었어요.
엉뚱한 파토쌤이 들려주는 재미있는 과학 이야기를 그리는 동안 신기하고
새로운 과학 상식을 많이 알게 되어서 즐거웠답니다. 제 그림을 보는 여러분들이
마음속에 반짝이는 순간들을 남겨 놓고, 더욱 풍부한 상상을 하게 되었으면 좋겠어요.
그린 책으로는 《로이 씨의 거품 모자》, 《두근두근 공룡 박물관》, 《뼈다귀가 좋아》
등이 있습니다.

### 와이즈만 영재교육연구소 감수

창의 영재수학과 창의 영재과학 교재 및 프로그램을 개발했습니다.
구성주의 이론에 입각한 교수학습 이론과 창의성 이론 및 선진교육 이론 연구 등에도
전념하고 있습니다. 국내 최고의 사설 영재교육 기관인 와이즈만 영재교육에
교육 콘텐츠를 제공하고 교사 교육을 담당하고 있습니다.

❷ 진짜 발 냄새를 찾아라!

와이즈만 BOOKs

1판 1쇄 발행 2022년 4월 1일 | 1판 5쇄 발행 2024년 7월 25일

글 원종우 최향숙 | 그림 임다와 | 감수 와이즈만 영재교육연구소
발행처 와이즈만 BOOKs | 발행인 염만숙 | 출판사업본부장 김현정 | 편집 양다운 이지웅
기획·진행 CASA LIBRO | 디자인 SALT&PEPPER Communications | 마케팅 강윤현 백미영 장하라

출판등록 1998년 7월 23일 제1998-000170 | 제조국 대한민국
주소 서울특별시 서초구 남부순환로 2219 나노빌딩 5층
전화 마케팅 02-2033-8987 | 편집 02-2033-8928 | 팩스 02-3474-1411
전자우편 books@askwhy.co.kr | 홈페이지 mindalive.co.kr | 사용 연령 8세 이상
ISBN 979-11-90744-59-1

©2022, 원종우 최향숙 임다와 CASA LIBRO
이 책의 저작권은 원종우, 최향숙, 임다와, CASA LIBRO에게 있습니다.
저자와 출판사의 허락 없이 내용의 일부를 인용하거나 발췌하는 것을 금합니다.

잘못된 책은 구입처에서 바꿔 드립니다.

와이즈만 BOOKs는 (주)창의와탐구의 출판 브랜드입니다.
KC마크는 이 제품이 공통안전기준에 적합하였음을 의미합니다.

# 엉뚱하지만 과학입니다
## ❷ 진짜 발 냄새를 찾아라!

원종우·최향숙 글 | 임다와 그림
와이즈만 영재교육연구소 감수

# 과학 좋아하니?

물론 좋아하는 친구도 있을 거야. 하지만 '과학'하면,
왠지 어렵고 머리 아프다고 생각하는 친구도 많지.
과학에는 복잡한 공식이 있고, 외워야 하는 것도 많으니까.
그래서 과학을 '이그노벨상'과 함께 알아보려 해.

이그노벨상을 받은 연구 중에서 화학 영역에 관한 10개의
연구를 뽑아 엮었어. 우리를 웃게 만드는 연구들인데 웃다 보면
왠지 화학이 친숙하게 느껴지고 좋아질 거야. 화학자가
되겠다고 다짐하게 될지도 몰라!

어쩌면 너를 꼭 닮은 친구 '나', 그리고 앉으나 서나 과학하는
파토쌤의 안내에 따라 조금씩 천천히 엉뚱한 화학의 세계로
들어와 봐!

1991년 하버드대학교의 유머 과학 잡지가 만든 상이야.
과학에 대한 사람들의 관심을 높이기 위해 기발한 연구와 업적에
주는 상이지. 화학, 물리, 의학, 수학, 생물, 평화 등 여러 분야에
걸쳐 수상자를 선정해.

이그노벨상을 수상한 연구는 정말 엉뚱해.
어떤 때는 어이가 없을 정도야. 하지만 '과학이 재미있구나!'
'과학은 우리 생활 속에 있구나!'라는 걸 깨닫게 해 주지.
시상식 포스터에는 로댕의 〈생각하는 사람〉이 바닥에 등을 대고
누워 있는 그림이 있어. '발상의 전환'을 나타내는 거래.

자, 그럼 우리도 고정 관념이나 일반적인 생각에서 벗어나
이 책에 가득한 엉뚱하고 기발한 과학으로 발상을 전환해 볼까?

# 차례

1 발 냄새는 어디서 왔을까? ··················································· 9
   - 진짜 발 냄새를 찾아라! ············································· 13

2 10살 햄버거와 54살 통조림 ················································· 17
   - 과학으로 부패의 비밀을 풀어 봐! ······························ 21

3 향기 나는 옷이 있다고? ······················································· 25
   - 능력 부자 기능성 섬유 ············································· 29

4 사랑으로 만든 팬티 ···························································· 33
   - 냄새 잡는 필터의 과학 ············································· 37

5 어디서 빠른지는 해 봐야 알지! ············································ 41
   - 우리가 몰랐던 점성의 특성 ······································ 45

6 숯불은 아무나 피우나 · · · · · · · · · · · · · · · · · · · · · · · · · · · · 49
　– 연소, 너는 누구냐? · · · · · · · · · · · · · · · · · · · · · · · · · · · · · · · · · · 53

7 딱따구리 머리에는
　스펀지가 있다! · · · · · · · · · · · · · · · · · · · · · · · · · · · · · · · · · · · · · 57
　– 충격, 없앨 순 없어도 줄일 순 있지! · · · · · · · · · · · · · · · · · · · · · · 61

8 붉은색도 구릿빛,
　초록색도 구릿빛? · · · · · · · · · · · · · · · · · · · · · · · · · · · · · · · · · 65
　– 철이 산소를 만났을 때, 구리가 산소를 만났을 때 · · · · · · · · · · · 69

9 침이 뭐길래? · · · · · · · · · · · · · · · · · · · · · · · · · · · · · · · · · · · · · · · 73
　– 슬기로운 침 사용법 · · · · · · · · · · · · · · · · · · · · · · · · · · · · · · · · · · 77

10 바퀴벌레 죽여, 말아? · · · · · · · · · · · · · · · · · · · · · · · · · · · · · · 81
　– 벌레 잡는 살충제는 결국 어디로? · · · · · · · · · · · · · · · · · · · · · · 85

## 주인공이 궁금해요

### 파 토 쌤

누구인지,
뭘 하는 사람인지 알 수 없는
수상하고 이상하고 괴상한 사나이.
동시에 엉뚱하고 기발하고
언제나 과학하고 앉아 있는
괴짜 선생님!

### 나

초등학교 4학년.
누가 봐도 우리 동네
최고의 참견쟁이.
호기심 가득, 솔직함 빵빵,
실행력은 으뜸!

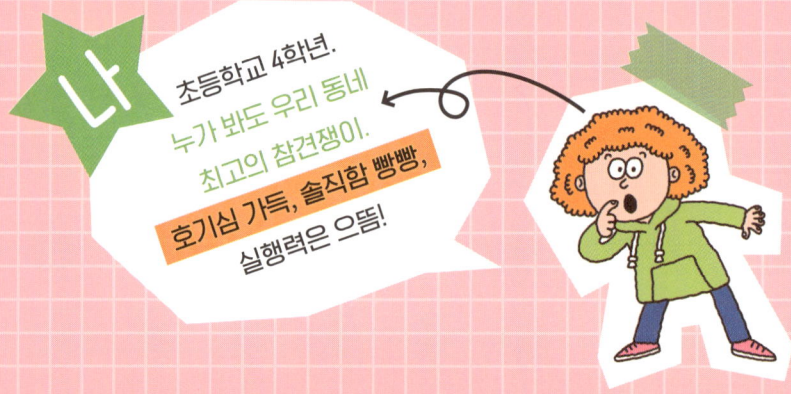

# 1
# 발 냄새는
# 어디서 왔을까?

"파토쌤, 제 말 좀 들어 보세요!"
좀 전에 지하철을 탔는데, 한 아저씨가 신발을 벗더니
아예 양말까지 벗는 거 있지.
그 기막힌 모습을 파토쌤께 이야기했어.

"제가 지하철 안에 있는 사람들을 대표해서 아저씨께 말했죠."

"쌤, 그 아저씨 정말 놀랍지 않아요?"
내 말에 파토쌤이 고개를 갸우뚱했어.
"왜 지하철 안에서 양말을 벗으면 안 되는데?"
"왜냐니요?
지하철 안처럼 꽉 막힌 공간에서 양말을 벗으면
발 냄새가 나잖아요."

파토쌤은 갑자기 양말을 벗더니 쿵쿵 냄새를 맡으셨어.
그러더니 내 코앞에 양말을 갖다 대시는 거야.
그다음은 어떻게 됐는지 말 안 해도 알겠지?
오늘 내 코는 무슨 고생이야?
하루 종일 발 냄새나 맡고 말이야.

그런데 잠시 뒤,
# 나는 놀라운 발견을 했어!

# 진짜 발 냄새를 찾아라!

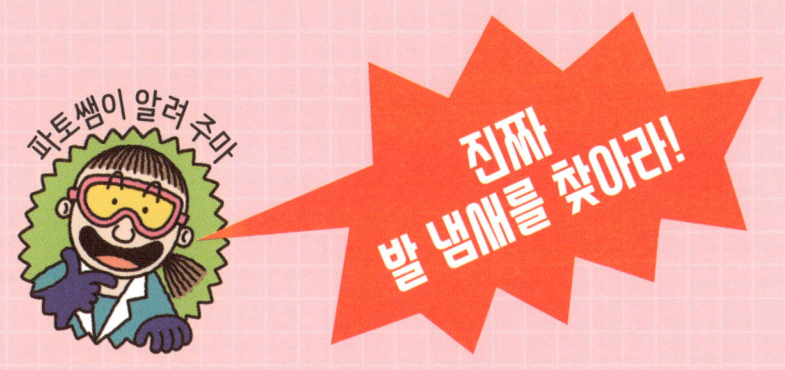

발 냄새가 나는 건 **세균** 때문이야. 신발과 양말로 감싸인 발에서 땀이 나면, 그 땀에 불은 피부 각질을 세균이 분해하면서 냄새가 나는 거지. 게다가 발에 무좀이 생기면 무좀균까지 더해져서 지독한 냄새가 나.

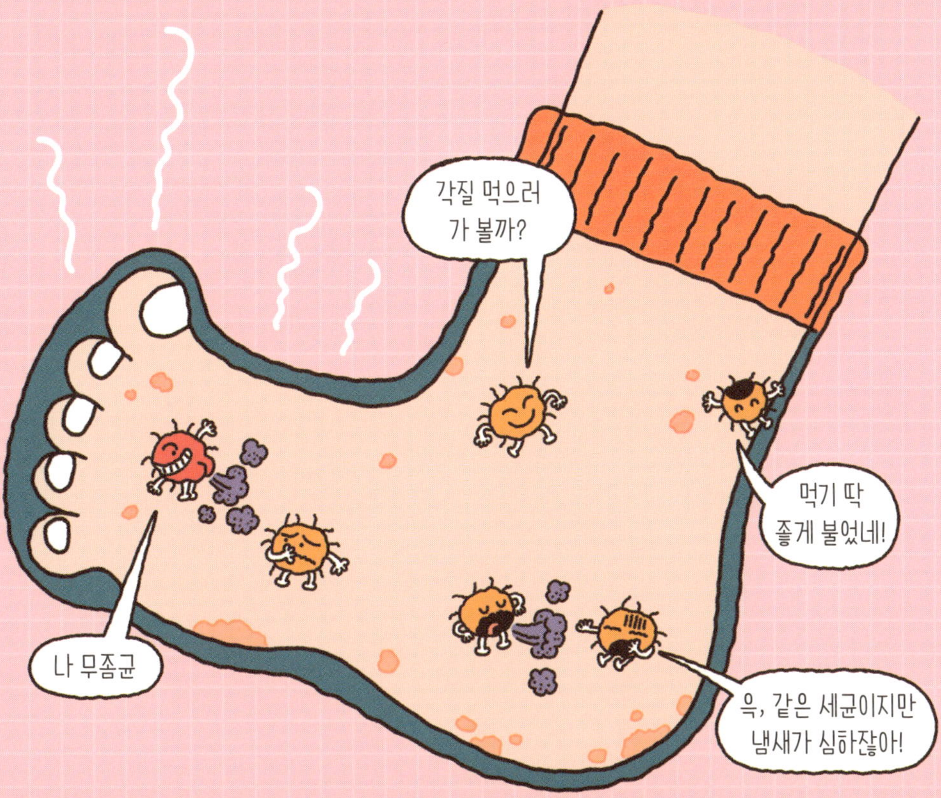

발 냄새의 주성분은 아이소발레르산이라는 화학 물질이야. 아이소발레르산은 파인애플에도 들어 있는 천연 향료로 시큼한 냄새가 나. 오래된 치즈 냄새 같기도 하지.

파인애플 + 치즈 = 발 냄새 ??

발 냄새와 천연 향료가 같은 물질이라니, 신기하지?

일본의 한 화장품 회사 연구원들은 여러 가지 화학 물질로
겨드랑이, 사타구니, 머리 등 우리 몸 여기저기에서 나는
안 좋은 냄새를 만들었어.
또 흠뻑 땀을 낸 남자들의 양말에서 발 냄새를 채취하고,
화학 물질로 이와 비슷한 가짜 발 냄새도 만들어 냈어.
그러고는 실험해 보았지.

실험 결과 아래와 같은 사실을 알게 됐어.

사람들은

① 발 냄새와 몸에서 나는 다른 냄새를 잘 구별하지 못한다.
② 발 냄새와 오래된 치즈 냄새 같은 것도 구별하기 힘들다.

그리고 이를 통해 다음과 같은 결론을 내린 거야.

> 발 냄새가 나는 건 **세균** 때문이다!
> 발이 아닌 다른 곳에서 세균 분해로 냄새가 나도
> 우리는 그것을 익숙한 발 냄새로 느끼게 되는데
> **이것은 심리적인 착각이다!**

# 2
# 10살 햄버거와 54살 톳조림

"쌤, 오랜만에 엄마한테 칭찬 받으려고 방을 정리했는데 혼나기만 했어요."
"그래? 방에서 뭐가 나왔는데?"
"지난겨울 먹다 남긴 감자튀김이요.
그런데 서랍 속 감자튀김이 그대로였어요.
미라처럼 박물관에 전시해도 될 정도예요!"

"오래된 햄버거와 감자튀김을 진짜로 전시한 적 있어. 아이슬란드 국립박물관에서!"

"햄버거와 감자튀김을 오랫동안 보관하며 관찰하는 사람들은 대부분 특정 프랜차이즈의 햄버거와 감자튀김이 썩지 않는다는 소문이 사실인지 확인하고 싶어서래."

"그 사람들, 혹시 이그노벨상 받는 거 아니에요?"
하지만 쌤은 고개를 저으셨어.
"훌륭한 실험 정신이긴 하지만, 쉽지 않을 것 같아.
비슷한 실험으로 이미 이그노벨상을 받은 경우가 있거든."

50년이 넘은 통조림을 먹고도 무사했다니!
50년이 넘도록, 그 안의 음식이 상하지 않았다니!
햄버거와 통조림 모두 어떻게 오랜 시간 동안 음식이 썩지 않는 걸까?

# 오랫동안 음식을 썩지 않게 보관하는 비밀이 궁금해졌어!

음식이 썩는 것을 한자로 부패라고 해.

# 부패는 미생물 때문에 일어나는 현상이야.

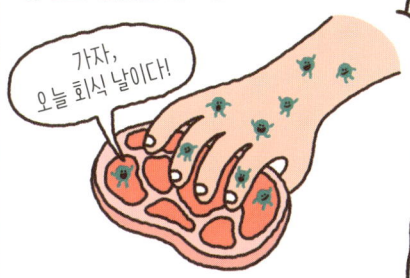

미생물은 아주 작아서 눈에 안 보이지만, 우리 주변에 늘 있어!

그러다 음식물을 발견하면 착 달라붙지. 얘들도 먹어야 살거든.

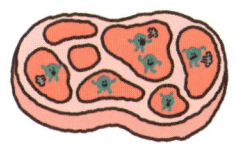
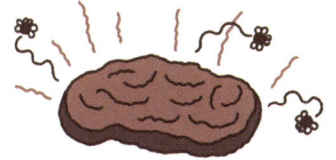

미생물은 음식에 붙어서 먹고 싸고 먹고 싸. 또 번식해서 그 수를 엄청나게 늘리지.

이 과정에서 악취도 나고 색깔도 변하게 돼. 이게 바로 부패야.

# 미생물은 온도가 적당히 높고↑ 습기가 많을↑수록 잘 번식해.

여름철에 부패가 잘 일어나는 이유를 알겠지?

그럼, 부패를 막으려면 어떻게 해야 할까?

## 온도와 습도를 낮춰서 미생물이 살 수 없는 상태가 되게 하는 거야!

그래서 사람들이 냉장고를 발명한 거야.
냉동고는 모든 걸 얼려 버리기도 하지!

부패를 막는 또 하나의 방법으로는

## 음식을 미생물로부터 차단해 버리는 거야!

통조림이 바로 미생물을 차단해 부패를 막는 방법이야.

아주 오랜 옛날부터 사람들은 음식의 부패를 막으려 애썼어.

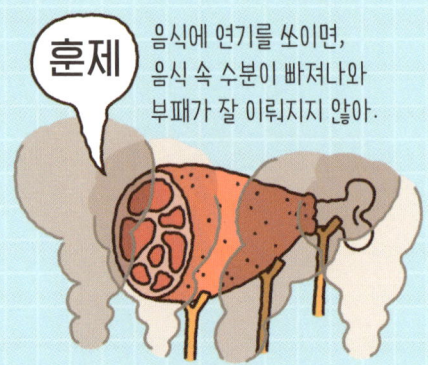

반대로 부패를 이용하기도 했어.
요구르트나 김치, 고추장 같은 음식을 발효 식품이라고 하지?
발효도 부패와 같이 미생물이 음식에 들어가지. 다른 점은 발효 식품은 균류나 세균이 음식에 이로운 영향을 준다는 거야.
음식이 더 맛있어질 뿐만 아니라 우리 몸에도 좋지.

# 3
# 향기 나는 옷이 있다고?

집으로 가던 중, 갑자기 비가 내려 잠시 피하고 있었어.
그런데 우리 학교 최고 얼짱,
아영이가 걸어오는 거야!

나는 아영이에게 우산을 씌워 달랬지.
심장이 얼마나 두근거렸는지 몰라.
개구리가 내 몸을 팔딱팔딱 뛰어다니는 줄 알았다니까!
그런데, 갑자기 아영이가 코를 킁킁대는 거야.
"무슨……. 이상한 냄새 안 나니?"
나는 깜짝 놀라 몸을 움츠렸어.

나는 그대로 빗속으로 내달려 파토쌤께 갔어.
"망했어요. 축구할 때 땀을 많이 흘려
옷에서 땀 냄새 나는 걸 깜박했지 뭐예요!"
"오늘처럼 땀 흘린 데다 비까지 오는 날에는
**향기 나는 옷**을 입었더라면 좋았을 텐데……."
"향기 나는 옷이라고요?!"

"그럼, 우리나라의 권혁호 씨가 향기 나는 섬유로
양복을 만들어서, 1999년 이그노벨상을 받았는걸."
나는 순간 아영이도, 내 옷의 냄새도 다 잊었어.
우리나라 사람이 이그노벨상 수상자라니,
정말 멋지지?
"와, 향기 나는 옷이라니! 어떻게 옷에서 향기가 나는데요?
그 양복은 어떤 향기가 나는데요?"
"방금 전까지 울상이더니, 신났네!"

**지금부터 향기 나는 양복 그리고
기능성 섬유에 대해 하나씩 알아보자!**

옷에서 좋은 향기가 나려면 어떻게 해야 할까?
향수를 뿌릴 수도 있지만 향이 금방 날아가잖아.
게다가 번거롭기도 하지.

## 그래서 나온 게 바로 향기 나는 양복이야!

원리는 간단해.
양복 표면에 향이 든 작은 캡슐을 많이 붙인 거야.
움직일 때마다 이 캡슐들이 터져 좋은 향이 나오게 한 거지.

원리는 간단하지만 향기 나는 양복을 만드는 기술은 만만치 않아!

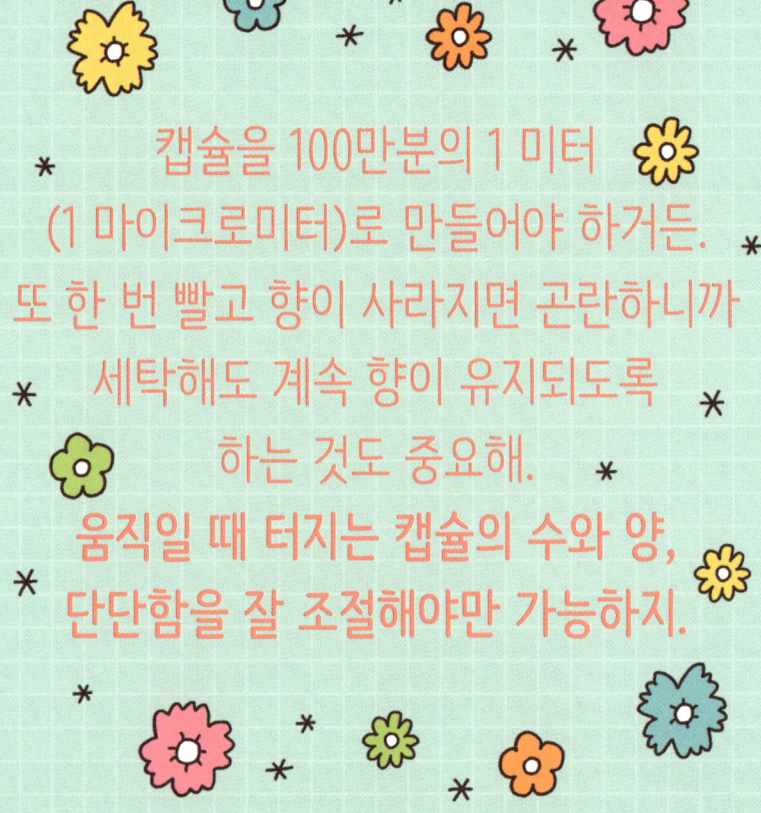

캡슐을 100만분의 1 미터
(1 마이크로미터)로 만들어야 하거든.
또 한 번 빨고 향이 사라지면 곤란하니까
세탁해도 계속 향이 유지되도록
하는 것도 중요해.
움직일 때 터지는 캡슐의 수와 양,
단단함을 잘 조절해야만 가능하지.

양복은 자주 빨지 않기 때문에 이렇게 하면 2년이나
좋은 향을 풍길 수 있어. 그래서 이그노벨상을 받은 거야!

향기 나는 양복에 쓰인 옷감처럼 특수한 기능을 넣은
옷감을 '기능성 섬유'라고 해.
대표적인 기능성 섬유가 방수 섬유야.
방수 섬유는 수증기는 통과하고 물은 통과할 수 없는
아주 작은 구멍을 이용해 만들어.

더위를 식혀 주는 냉감 섬유,
추위를 막아 주는 발열 섬유도 있어.
두 섬유는 기능은 정반대지만, 모두 열의 이동을 이용해.
사람의 체온은 36.5도 정도야. 옷을 입었을 때,
땀이 잘 증발되면 우리는 시원하게 느껴. 반대로 땀이
잘 증발되지 않거나 열을 가두면 따뜻하게 느끼지!

## 기능성 섬유의 종류는 다양해!

불에 잘 타지 않는 섬유도 있고

물에 잘 뜨는 섬유도 있지.

또 땀이 빨리 마르는 섬유도 있고

자외선을 차단해 주는 섬유도 있어.

지금도 많은 과학자가 기능성 섬유에 대해 연구하고 있어. 앞으로는 어떤 기능성 섬유가 나올까?

아영이에게 멋져 보이게 하는 기능성 섬유요!

# 4
# 사랑으로 만든 팬티

"엄마가 드시래요!"
나는 파토쌤께 엄마가 쪄 주신 고구마를 가져다 드렸어.

"너는 이 맛있는 고구마를 왜 안 먹어?"
"목 막히고 방구만 뿡뿡 나와서요. 냄새도 지독하고!"
내 말에 파토쌤이 킥킥 웃으셨어.
"네 말을 들으니까, 2001년 이그노벨 생물학상을 받은 **냄새를 가두는 속옷**이 생각나네!"

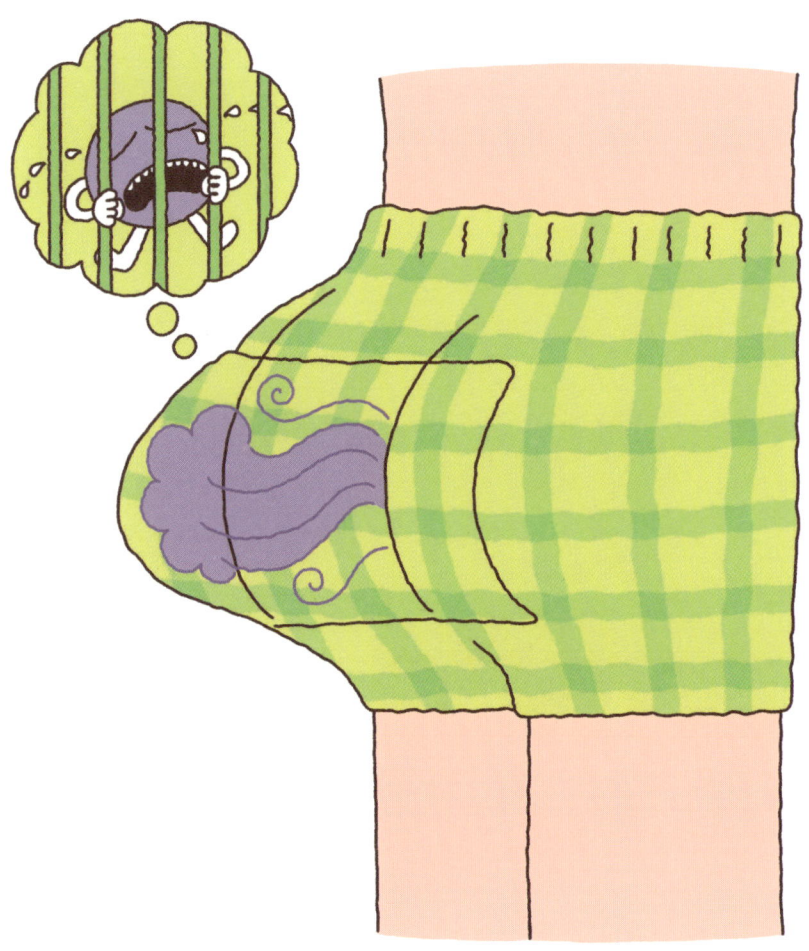

"에이, 그런 속옷이 어딨어요?
그리고 누가 그런 걸 입는다고 발명해요?"
그러자 파토쌤이 행복한 표정으로 말했어.
"누구긴! 남편의 사랑에 감동한 아내가 입지!"
파토쌤이 이 속옷에 얽힌 사연을 들려주셨어.
"미국에서 속옷 회사를 운영하고 있는 \*벅 웨이머는
사랑하는 아내와 함께 살고 있었어."

\*책 마지막 장에서 더 자세한 정보를 확인해 보세요.

그런데 아내가 그만 크론병에 걸리고 말았지.
아내는 냄새 때문에 방귀를 참느라 더욱 괴로웠어.
크론병에 걸리면,
방귀 냄새가 고약해지거든.

이런 사연이 있는지 모르고 웃어 버린 내가 부끄러워지네.
그래도 궁금한 건 못 참지.
"그런데 팬티가 어떻게 방귀 냄새를 가둬요?"
"그것은 말이지!"

냄새를 가두는
**필터의 비밀**에
대해 알아보자!

## 필터는 액체나 기체의 불순물을 걸러 내는 장치야.

공기 청정기에는 공기 중의 불순물을 걸러 내는 필터가 들어가고, 수족관에는 물속의 불순물을 걸러 내는 필터가 부착되어 있지.
벅 웨이머가 만든 냄새를 가두는 속옷에 들어가는 필터는 무엇을 걸러 내야 할까?
방귀 냄새 성분부터 알아보자.

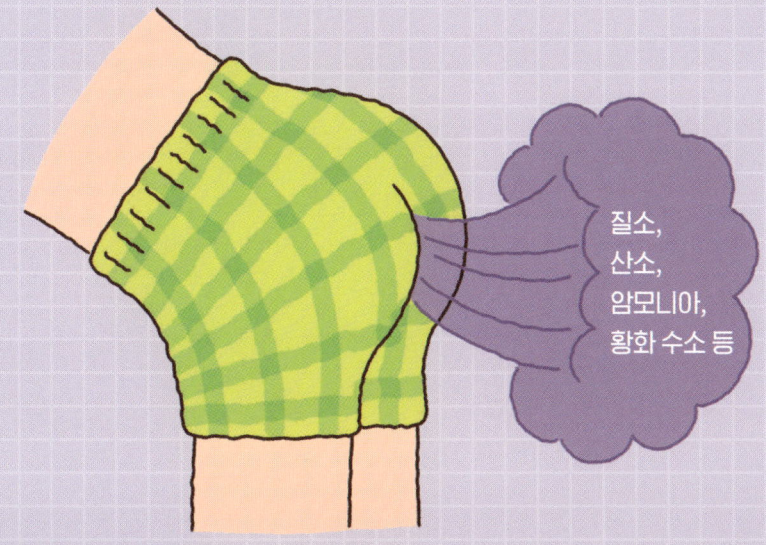

벅 웨이머는 연구 끝에, 활성탄과 *유리 섬유를 이용해서 냄새의 원인인 암모니아와 황화 수소를 걸러 내는 필터를 만들었어. 그중 활성탄은 잘 빨아들이는 성질을 가진 물질로 표면에 구멍이 엄청나게 많아. 그래서 기체나 액체 속의 불순물을 빨리 흡수해 가둬 버릴 수 있어.
미세먼지와 바이러스를 막아 주는 마스크에도 활성탄 필터가 들어갔다는 안내 문구 본 적 있지?

모든 필터가 다 똑같지는 않아. 공기 청정기 속 필터처럼 먼지를 제거하는 목적의 필터는 여러 개의 그물을 묶어 만들기도 해.

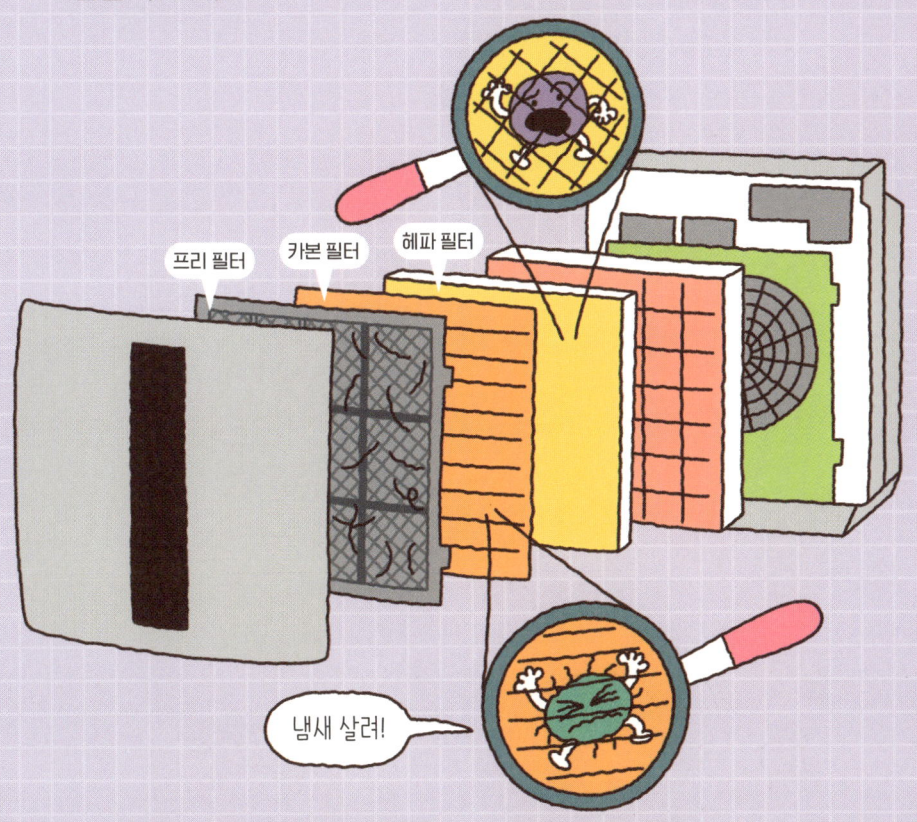

이 그물들은 각각 역할이 달라. 프리 필터는 그물의 구멍이 커서 반려동물 털 같은 큰 먼지를 걸러.
카본 필터는 유해 가스나 냄새를 걸러 주지. 헤파 필터는 주로 유리 섬유를 이용해 아주 작아서 눈에 보이지 않는 미세먼지나 세균을 잡아 주지.

필터는 다양한 곳에서 활용돼. 에어컨과 가스레인지 환풍기, 그리고 청소기에도 필터가 있어. 자동차와 버스의 엔진과 지하철 환기구에도 있지.
공장 굴뚝, 하수 정화 시설에도 필터는 중요한 장치야. 특히 환경 오염이 심각한 요즘,

## 성능 좋은 필터를 만들고, 적절하게 사용하는 게 매우 중요해졌어!

맞아요. 마스크의 필터 덕분에 바이러스 감염도 이겨낼 수 있다고요!

# 5
## 어디서 빠른지는 해 봐야 알지!

"길고 짧은 건 대봐야 안다!
이 속담에 어울리는 상황이 뭐가 있을까?"
갑작스러운 파토쌤의 질문에 내가 자신 있게 말했지!

토끼와 거북의 경주와 같은 상황이죠!

"좋아! 역대 이그노벨상 수상 연구 중에는 이렇게 길고 짧은 걸 대본 연구가 많아.
대표적인 예가 2005년 이그노벨 화학상이지."

"물과 시럽 가운데,
어디서 더 빠르게 헤엄을 칠 수 있을까?"

"당연히 물에서 헤엄치는 게 빠르겠죠!"
"왜?"

파토쌤의 물음에 나는 당당하게 말했지.
"그거야 시럽은 끈적거리니까요."

점성: 액체의 끈적끈적한 성질로 어떤 물질이 흐르는 걸 방해하는 정도를 나타냄.

## 점성의 반대는 유동성, 즉 흐르는 성질이야.

물이나 기름은 점성이 낮아 잘 흐르고,
꿀이나 시럽은 점성이 높아 잘 흐르지 않지.

"점성이 높은 시럽은 유동성이 낮아서
그만큼 시럽 속에서 움직이는 것도 힘들지.
그래서 사람들은 시럽 속에서 헤엄치면 물에서 보다
속도가 늦을 거라고 생각했는데……."

과학이 많이 발전한 21세기지만 세상에는 아직도 그 특성을 이해하기 힘든 것이 많아! 점성도 그중 하나야. **점성이 높은 액체가 어떤 성질을 가지고 있는지 우린 아직 잘 몰라.**
과학자들은 '물과 시럽 가운데, 어디서 더 빠르게 헤엄칠 수 있을까?'에 대한 답을 얻기 위해 수영장을 시럽으로 채우고 직접 수영을 해 보기로 했어.

결과는 물에서 수영하는 것과 속도가 비슷했어. 왜 그럴까? 우리가 수영할 때 팔을 내저으면 물이 출렁이잖아. 그 출렁임은 우리 몸이 앞으로 나아가는 걸 방해해. 그런데 끈적한 시럽은 유동성이 낮아서 출렁거림이 덜해. 그래서 점성이 높은데도 생각보다는 쉽게 앞으로 나아갈 수 있지.

## 시럽의 점성이 물보다 높지만 의외로 도움되는 점이 있네!

물론, 끈적한 시럽 속에서 팔다리를 저으면 당연히 움직이기는 힘들어. 유동성이 낮은 만큼 팔다리 움직임에 대한 저항은 커지니까. 하지만 저항이 커진 만큼 앞으로 나가는 힘인 **추진력** 또한 커져. 점성이 아주 낮은 공기를 젓고 앞으로 나아가려면 1분에 수천 번 회전하는 프로펠러가 필요하지만, 점성이 훨씬 높은 물은 손발로 밀고도 앞으로 나갈 수 있는 것과 같은 원리야!

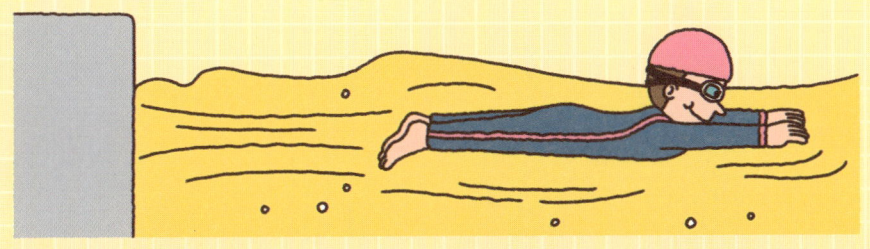

## 물에서보다 시럽에서 수영하면 좀 더 큰 추진력을 얻을 수 있네!

점성과 관련해서 또 다른 엄청난 실험이 있어!
'세상에서 가장 점성이 높은 물질은 뭘까?'에 답을 얻기 위한
실험이야. 이를 위해 방수재로 쓰이는 피치라는 물질을
흘러내리게 하는 실험을 1930년부터 하고 있지.

## 점성을 측정하는 특별한 방법이 없어서 90년 넘게 실험하고 있는 거야.

그런데 지금까지 아홉 방울 떨어졌대!
10년에 한 방울이라니 정말 엄청난 점성이지?

# 6
# 숯불은 아무나 피우나

지난 주말, 우리 가족은 캠핑을 갔어.
차로 무려 5시간을 달려서 말이야.
"아빠가 얼른 숯불 바비큐 해 줄게!"
아빠는 바비큐 그릴에 불을 붙이려 하셨지.

그런데 하늘이 깜깜해질 때까지
불이 안 붙지 뭐야?

# 결국,
# 보다 못한 엄마가
# 결정을 내리셨어!

"배고파 죽는 줄 알았다니까요!"
내가 지난 주말 굶을 뻔한 캠핑 이야기를 하자
파토쌤이 재밌다는 듯 웃으셨어.
"1996년에 한 교수는 3초 만에 그릴에 불을 붙여
이그노벨상을 탔는데……."
나는 귀가 쫑긋 섰어.
다음 캠핑 때 또 라면만 먹을 순 없잖아!

'연소'라는 말 들어 봤니?
보통 뭔가 타는 걸 연소된다고 하잖아. 그리고 뭔가 탈 때는 빛과 열이 나지. 과학자들은 연소를 이렇게 정의해.

# 물질이 산소와 반응하여 빛과 열을 내며 타는 현상

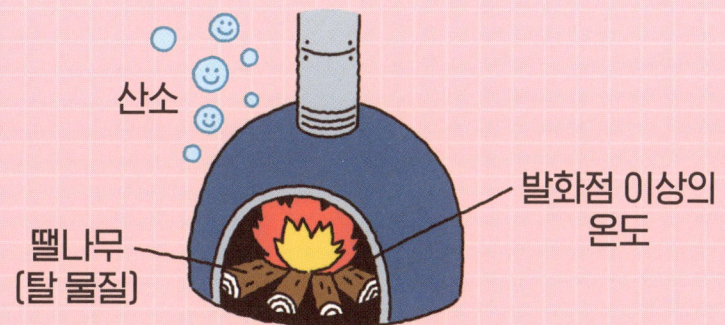

연소는 물질이 산소와 반응하는 현상이야.
연소가 일어나려면 온도가 필요해. 그래서 연소의 세 가지 조건을 탈 물질, 산소, 발화점 이상의 온도라고 하지.

1996년 미국 퍼듀대학교의 조지 고블 교수가 단 3초 만에
바비큐 그릴에 불을 붙인 건, 바로 연소의 세 가지
조건을 이용한 거야.
고블 교수는 바비큐 그릴에 숯과 석탄을 쌓았어.
탈 물질을 준비한 거야.
그리고 여기에 엄청난 양의 산소를 들이부었어.
보통 대기 중의 산소는 21 퍼센트 정도인데,
100 퍼센트 액체 산소를 11.3 리터나 들이부었거든.
그런 다음 불이 붙을 수 있는 온도의 열을 가한 거지.

여기서 조지 고블 교수가 사용한
액체 산소에 대해 좀 더 알아볼까?

이 세상의 물질은 온도에 따라서 고체, 액체, 기체 상태로
존재해. 물의 경우 섭씨 0도 이하에서는 고체인 얼음,
섭씨 100도 이상에서는 기체인 수증기로 변하지.
그 사이에서만 액체인 물로 존재하는 거야.
산소도 마찬가지야. 산소는 보통의 온도에서는 기체 상태야.
그래서 우리가 폐로 숨을 쉴 수 있는 거지.

## 그런데 온도를 영하 183도 이하로 낮추면,

산소도 액체가 돼.

## 이게 바로 액체 산소야.

액체 산소는 정말 조심해서 다뤄야겠지?
불 가까이 뒀다가는 큰일 날 테니 말이야.

그럼 액체 산소는 언제 사용하냐고?
액체 산소는 인류의 우주 계획에 유용한 물질이야.

우주 로켓의 연료(탈 물질)는 액체 수소나 케로신(등유)이야. 그런데 우주에는 산소가 없기 때문에 엔진에 불을 붙이기 위해 액체 산소를 로켓에 지고 올라가지.

# 7
# 딱따구리 머리에는 스펀지가 있다!

학교 마치고 집으로 가는 길, 재범이가 보이네!
나는 장난 삼아 재범이의 뒤통수를 툭 쳤지.

너가만 안 뒤!

앞만 보고 도망치던 내가,
횡단보도를 막 건너려는 순간이었어!

"아, 쌤!"
바로바로 파토쌤이었어.
굳은 얼굴로 횡단보도에서 뭐 하냐며 호통치셨어.
**"딱따구리처럼 보호 장치가 있어도 위험한데!"**

나는 풀이 죽었지만, 궁금한 건 참을 수 없었어.
**"딱따구리에게는 어떤 보호 장치가 있는데요?"**

"딱따구리는 시속 25 킬로미터의 속도로 초당 20회 정도 머리를 부딪치는 충격을 받고도 멀쩡해."

쌤은 횡단보도를 건널 때 조심하겠다는 다짐을 받은 뒤 말씀하셨어.

# 딱따구리가 큰 충격을 받아도 멀쩡한 이유,
## 지금부터 알려 주마.

## 파토쌤이 알려 주마
### 충격, 없앨 순 없어도 줄일 순 있지!

딱따구리라도 횡단보도를 마구 건너서는 안 돼! 하지만 적어도 머리만큼은 세상 어느 동물보다도 충격에 잘 보호되어 있는 건 분명해.

생각해 봐! 초당 20회면 1분에 1,200회라고. 보통 고속도로를 달리는 자동차를 벽에 부딪쳤을 때의 10배나 되는 충격이야. 그런데도

## 딱따구리는 왜 멀쩡할까?

그건 수수께끼였어.

안과 의사 이반 슈왑, 딱따구리 흉내 내다 현기증으로 쓰러지다!

*이반 슈왑은 딱따구리의 비밀을 더욱 파고들었어. 그리고 2006년에 이그노벨상을 받았지!

그의 연구에 따르면 딱따구리의 두개골은 스펀지처럼 구멍이 많아서 충격을 흡수하고, 두개골과 뇌 사이 공간에 뇌수가 많아서 뇌에 전달되는 충격을 줄여 준대.

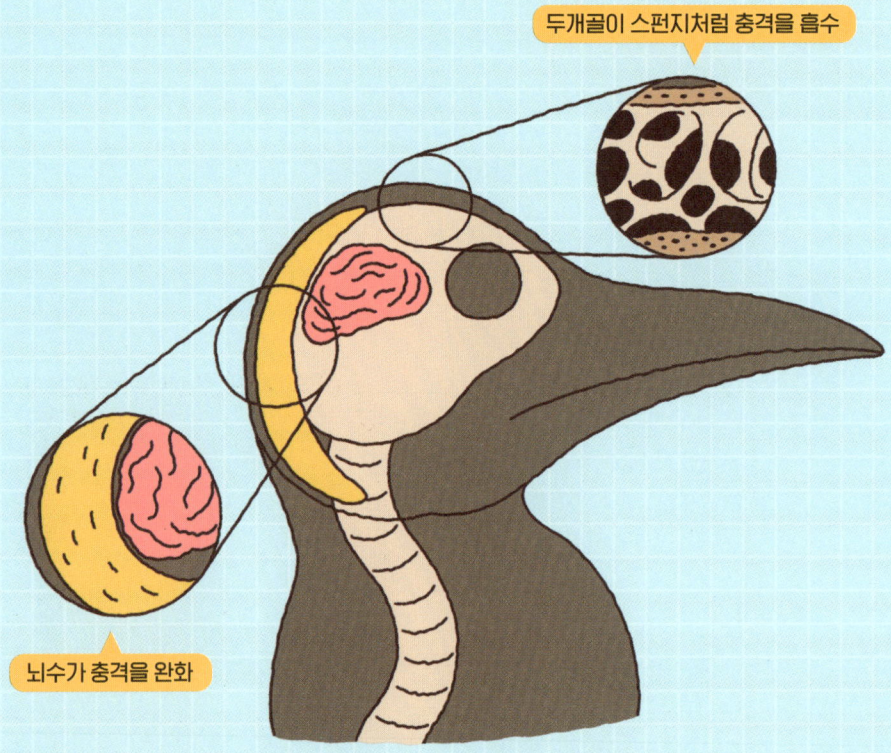

두개골이 스펀지처럼 충격을 흡수

뇌수가 충격을 완화

딱따구리는 또 나무를 쪼기 1,000분의 1초 전에 눈을 감아서 눈알이 튀어나오는 걸 막는대.

이후에도 다른 과학자들에 의해 연구가 이어졌어.
중국의 과학자들은 위 부리보다 긴 아래 부리의 뼈 구조가
충격을 18분의 1로 낮춰 준다는 사실을 확인했어.
우리나라 과학자들도 재미난 발견을 했어.
2011년, 미국 버클리대학교에서 연구 중이던
윤상희·박성민 박사 연구팀이 비디오와 *CT 촬영으로
부리의 탄성과 아주 긴 혀에 연결된 설골층도 충격을
줄이는 데 도움이 된다는 사실을 밝혀낸 거야.

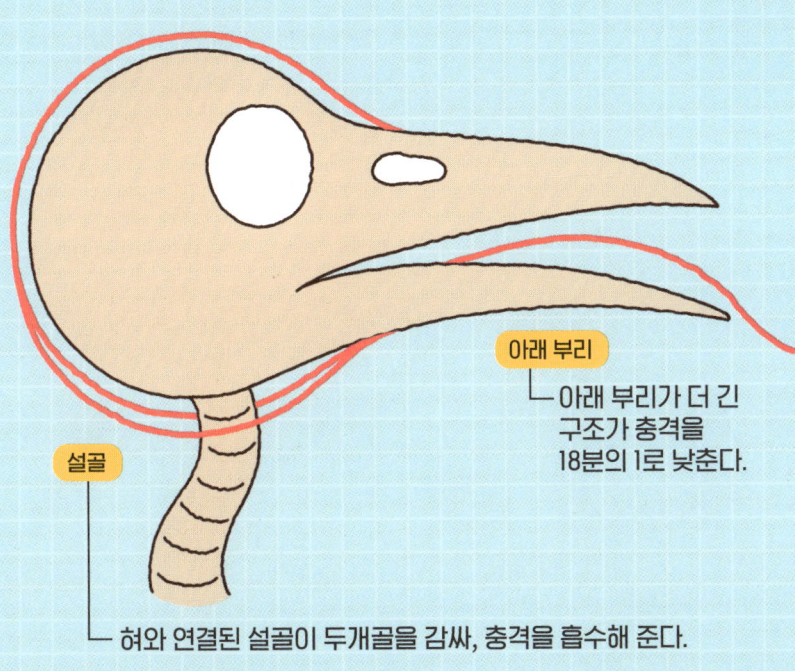

아래 부리
└ 아래 부리가 더 긴 구조가 충격을 18분의 1로 낮춘다.

설골
└ 혀와 연결된 설골이 두개골을 감싸, 충격을 흡수해 준다.

윤상희·박성민 박사 연구팀은
# 딱따구리의 두개골 구조를 본떠, **충격 흡수 장치**도 만들었어!

고무층이 완충 작용을 하는 강철 케이스에 딱따구리 두개골의 스펀지 구조를 본떠 지름 1 밀리미터의 유리 구슬을 채운 스테인리스 케이스를 넣었지. 그리고 딱따구리보다 훨씬 더 큰 충격을 줬는데, 그 안에 넣어둔 물건이 말짱했대! 이 기술은 네가 보드 탈 때 쓰는 헬멧부터, 인공위성이나 우주선에까지 널리 쓰일 수 있겠지!

와! 안과 의사 슈왑쌤이 쓰러진 보람이 있네요!

쓰러지고도 다시 일어나 연구한 보람이지!

# 8
# 붉은색도 구릿빛, 청록색도 구릿빛?

오늘은 파토쌤이랑 새로 산 보드게임을 했어.
뉴욕의 높은 건물들을 연결하는 놀이였는데
갑자기 의문이 생겼어.

"그럼 청록색 재료로 만든 거예요?"
쌤은 이번에도 고개를 저으셨어.
"아니! 원래 **자유의 여신상**은 **청록색**이 아니라 **붉은색**이었어."

"자유의 여신상은 1886년 프랑스가
미국의 독립 100주년을 축하하며 만들어 준 거야.
동, 그러니까 구리로 제작된 작품이어서
원래는 붉은빛을 띠었지."
"그런데 왜 지금은 청록색이에요?"
"구리는 산소와 만나면 푸른빛으로 변해.
그래서 청록색을 띠게 된 거야."

"구리의 특징 때문에 사람들 머리가 하루아침에 초록색으로 변하는 일도 있었어."
"와! 어떻게요?"
"그 비밀을 푼 환경 공학자 요한 페테르손은 2012년 이그노벨 화학상을 받았지."

스웨덴 남부의 한 마을에서 사건이 벌어졌어.
금발이던 주민들의 머리가 하루아침에 초록색으로 변해 버린 거야!

*요한 페테르손이 조사한 결과 동파이프로 된 수도관이 원인이었지.
물에 동, 그러니까 구리 성분이 녹아든 거야.
사람들이 그 물로 머리를 감자 머리가 푸른빛으로 물들었는데, 금발이라서 초록색으로 보였던 거지.

아주 오랜 옛날부터 사람들은 구리를 이용했는데,
오늘날에도 구리는 정말 많이 사용되는 금속이야.

구리는 물러서 모양을 만들기 쉬워.
하지만 잘 부식되지 않아 오랫동안 사용할 수 있지.
또 열을 잘 전달해.
이 때문에 파이프 모양으로 만들어서 많이 써.

구리는 전선으로도 많이 써.
구리는 열만 잘 전달하는 게 아니라,
전기도 잘 통하거든.

구리는 동물의 피 속에도 있어.
먼저, 사람 피의 성분부터 알아볼까?

사람의 피가 빨간 건 헤모글로빈 때문이야.
헤모글로빈은 피 속에서 산소를 운반하는 물질이야.
헤모글로빈의 주성분은 철인데,
철은 산소를 만나면 붉은빛을 띠지.
그래서 우리 피가 빨간색인 거야.

철(Fe) + 산소($O_2$) = 붉은빛

그런데, 문어 같은 동물은 헤모사이아닌이 산소를 운반해.
헤모사이아닌은 구리가 주성분인데,
구리는 산소를 만나면?
푸른빛을 띠지!

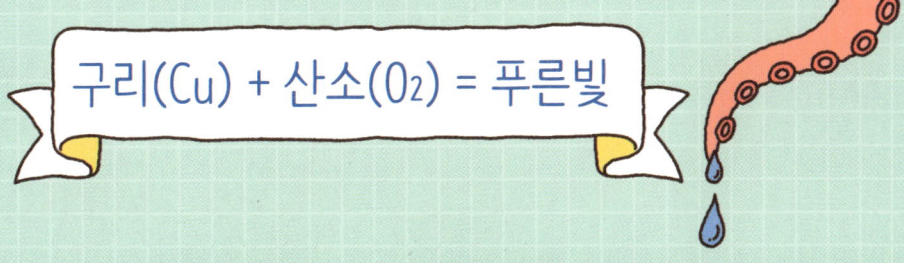

구리(Cu) + 산소($O_2$) = 푸른빛

그래서 문어와 같은 연체동물과 절지동물 중 갑각류의 피가 푸른빛을 띠는 거야.

# 9
# 침이 뭐길래?

우리 엄마는 맨날 꼭꼭 씹어 먹으래!

"죽까지 꼭꼭 씹어 먹어야 해요?"
내가 심각하게 묻자, 파토쌤은 간단하게 대답하셨지.
"그럼 좋지!"

"음식을 꼭꼭 씹으면 침과 음식이 고루 잘 섞여서
침이 음식 속 나쁜 균으로부터 우리 몸을 보호해 줘."

"또 침 속 아밀레이스도 음식에 골고루 섞일 수 있어.
아밀레이스는 침 속에 있는 소화 효소야.
음식의 소화와 흡수를 돕지."

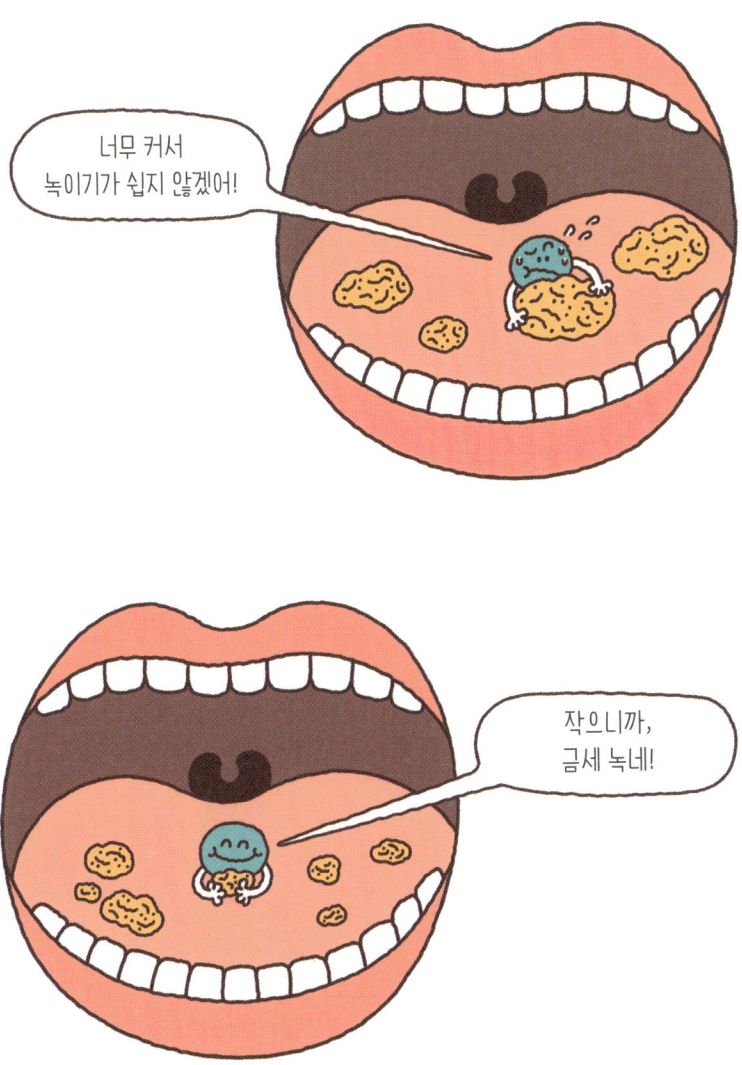

"침이 그런 역할을 하는구나. 엄마 말씀이 옳았네!"
내가 고개를 끄덕이자,
쌤이 내 호기심을 더 자극했어.
"그런데 포르투갈 문화재보존복원센터 연구원은
이 침을 색다르게 사용해서 이그노벨 화학상을 받았어."

침은 원래 세균도 없고 냄새도 안 나. 하지만 입안에는 많은 미생물이 살고 있어서, 이것들이 침과 섞여 특유의 냄새가 나는 거야.
그래서 입 밖으로 나온 침은 더럽다고 느껴져.

하지만 **침**은 많은 일을 해. 입안을 **소독**하고 음식물을 부드럽게 해서 씹고 삼킬 수 있게 만들지. 또 **소화**도 도와. 특히 아밀레이스라는 성분은 탄수화물을 **분해**하지. 그리고 **세정력**도 갖고 있어.

포르투갈의 문화재 보존 전문가들도 이걸 알고 있었어. 그래서 더러워진 그림이나 오래된 도자기에 자기 침을 묻혀서 닦았어. 그런데 이게 문제가 됐어.

그래서 문화재보존복원센터 연구원이 알아보았지 문화재를 닦는 데 세정제를 사용하는 게 더 효과적일까, 아니면 침을 사용하는 게 더 효과적일까?

연구를 통해 '침이 더 효과적이다.'라는 결론을 얻었고, 이그노벨상까지 수상했어.
문화재를 닦는 데 침이 더 효과적인 이유는 문화재 위에 쌓인 때의 성분들 때문이야. 문화재에는 수백 년 세월 동안 온갖 곡물의 가루나 꽃가루 먼지, 그리고 대기 중에 떠다니는 미세한 기름 먼지가 층층이 쌓여.
그런데 아까 말했듯이 침에는 아밀레이스가 있잖아.

**아밀레이스는 곡물의 성분인 탄수화물을 분해하는 효소지.**

그러니 문화재가 잘 닦일 수밖에!

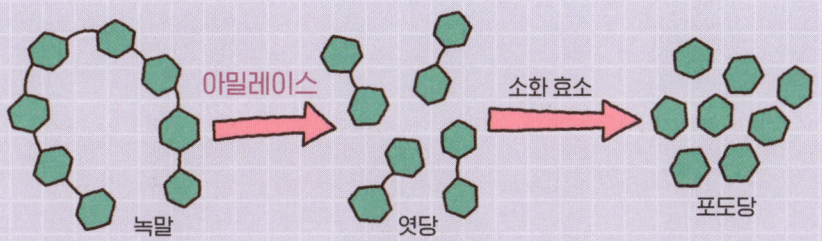

침 속의 아밀레이스는 화학 작용을 통해 녹말을 엿당으로 분해해. 그리고 엿당이 소장의 소화 효소에 의해서 포도당으로 바뀌어 에너지로 쓰이지. 수백 년간 쌓인 곡물의 때인 녹말도 이렇게 분해되어 쉽게 닦이는 엿당으로 바뀌는 거야.

우리나라 사람들도 침의 세정력을 잘 알고 있었어. 요즘은 드물지만, 예전에는 구두를 닦을 때 침을 뱉어 닦았거든. 그래도 내 구두에 왜 침을 뱉냐고 따지는 손님은 없었지. 아밀레이스까지는 몰라도,

## 침의 세정력은 알았던 거지.

# 10 바퀴벌레 죽여, 말아?

내가 세상에서 제일 싫어하는 존재가 있어!
그런데, 바로 어제
그 존재가 내 앞에 불쑥 나타났네!

"바퀴벌레 좀 없애 주세요!"
나는 파토쌤께 달려가 졸랐어.
쌤은 심각한 표정으로 생각에 잠기셨어.

"그래서 공룡이 멸종하고 빙하기로 수많은 동식물이 멸종했는데도, 바퀴벌레는 살아남은 거야."
"그럼 바퀴벌레를 퇴치할 방법이 없다는 거예요?"
내가 울상을 짓자, 쌤이 피식 웃으셨어.
"미국의 해군 연구원들이

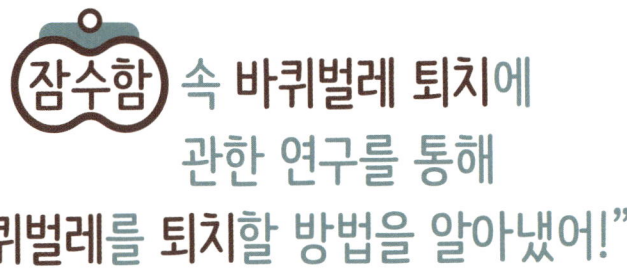

속 바퀴벌레 퇴치에 관한 연구를 통해 바퀴벌레를 퇴치할 방법을 알아냈어!"

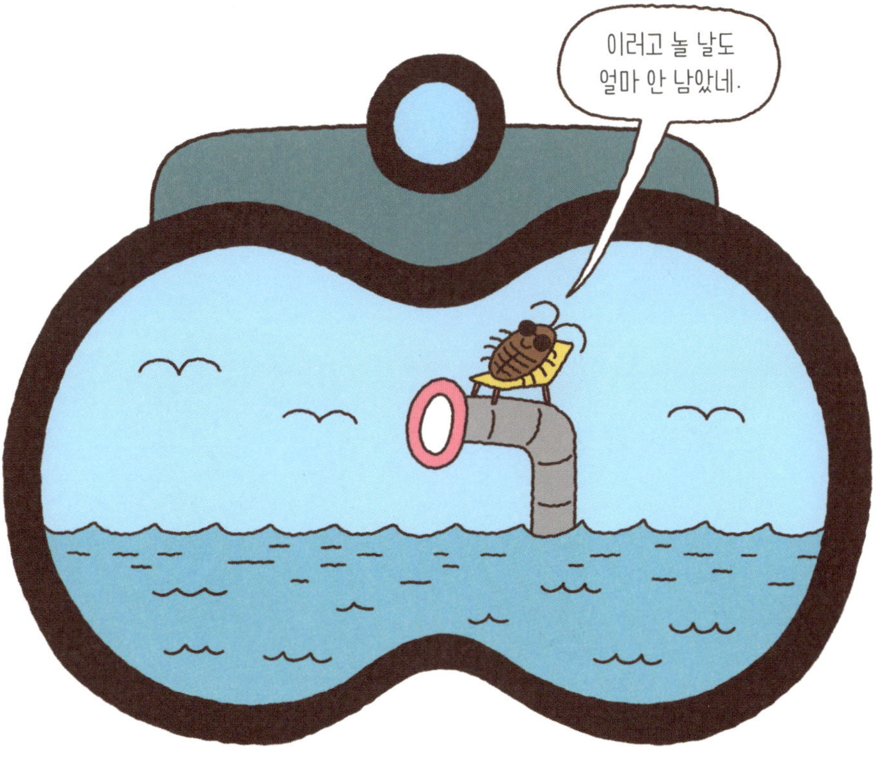

"연구원들은 다이클로르보스 성분이 든 살충제를 이용하면 바퀴벌레를 박멸할 수 있다는 결론을 내렸어. 그리고 2021년 이그노벨상을 받았지."
"다이클로르보스? 당장 사야겠어요!"
신이 나서 나가려는데, 쌤이 나를 잡았어.
"근데 문제가 있어."
"뭐요?"
"다이클로르보스를 쓰면, 사람도 죽을 수 있어!"

바퀴벌레와 다이클로르보스 이야기가 나왔으니 살충제에 대해 알아보자!

미국의 해군 연구원들이 바퀴벌레 퇴치에
다이클로르보스가 효과적인 것을 알아냈지만,
다이클로르보스를 쓸지는 의문이야.
다이클로르보스는 유럽 연합에서는 사용을 금지한 살충제거든.
독극물로 분리하고 있지.

물론 모든 나라에서 그런 건 아니야.
우리나라만 해도
다이클로르보스는 파리,
모기 살충제나 농약
성분으로 사용하거든.
고농도는 판매 금지이지만.

이런 **살충제**는 ☠ 뿐만 아니야.
사람들은 엄청나게 많은 종류의
**살충제**를 쓰고 있어.

해충과 잡초를 없애려고 논과 밭, 과수원과 산에 뿌려.
그런데 그 성분은 쌀에 남고 배추에 남고 사과에 남지.
그 쌀과 배추, 사과는 **누가 먹을까?**

살충제는 땅에도 스며들지.
그리고 비를 타고 지하수를 오염시키고, 강으로 바다로
흘러들어. 그 물은 소가 마시고 닭이 마시고 물고기가 마시지.
그 소와 닭과 물고기는 **누가 먹을까?**

또 우리가 먹는 **물은 어디서 올까?**

과학자들은 물질이 어떻게 이뤄져 있고 어떤 성분을 가지고 있는지를 연구해서 살충제를 만들어 냈어. 덕분에 농부들은 보다 쉽게 해충을 퇴치하고 잡초를 없앨 수 있었지. 그런데 지금 우리는, 살충제가 생태계를 해치고 인간의 생명을 위협한다는 걸 깨닫게 됐어. 과학자들은 아주 중요한 또 하나의 질문을 받게 됐어.

## 생태계를 해치지 않는 살충제를 만들 수 있을까?

이걸 써! *붕산으로 만든 천연 바퀴벌레 퇴치제야.

과학자들이 그 답을 찾기 전까지, 이걸 들고 싸워야 하나요?

# 교과 연계가 궁금해요

| 목차 | 이그노벨상 수상 내역 | 교과 연계 |
|---|---|---|
| 1. 발 냄새는 어디서 왔을까? | 1992년 의학상 | 6학년 2학기<br>우리 몸의 구조와 기능 |
| 2. 10살 햄버거와 54살 통조림 | 1992년 영양학상 | 5학년 1학기<br>다양한 생물과 우리 생활 |
| 3. 향기 나는 옷이 있다고? | 1999년 환경보호상 | 5학년 1학기<br>온도와 열 |
| 4. 사랑으로 만든 팬티 | 2001년 생물학상 | 4학년 1학기<br>혼합물의 분리 |
| 5. 어디서 빠른지는 해 봐야 알지! | 2005년 화학상 | 중학교 1학년<br>여러 가지 힘 |
| 6. 숯불은 아무나 피우나 | 1996년 화학상 | 6학년 2학기<br>전기의 이용 |
| 7. 딱따구리 머리에는 스펀지가 있다! | 2006년 조류학상 | 6학년 2학기<br>우리 몸의 구조와 기능 |
| 8. 붉은색도 구릿빛, 청록색도 구릿빛? | 2012년 화학상 | 중학교 3학년<br>화학 반응의 규칙과 에너지 변화 |
| 9. 침이 뭐길래? | 2018년 화학상 | 중학교 2학년<br>동물과 에너지 |
| 8. 바퀴벌레 죽여, 말아? | 2021년 곤충학상 | 5학년 2학기<br>생물과 환경 |

## 파토쌤이 알려 주마 — 용어가 궁금해요

### 유리 섬유 [38쪽]

유리를 섬유 형태로 만든 거야. 스펀 유리라고도 하지. 유리는 높은 열을 가하면 풀처럼 녹아. 이것을 아주 얇은 실로 뽑아내서 옷감처럼 만든 게 유리 섬유야. 이렇게 미세한 유리 섬유를 엮어서 아주아주 작은 구멍들을 만들어서 필터로 사용해.

### CT 촬영 [63쪽]

CT는 컴퓨터 단층 촬영(Computed Tomography)의 약자야. 특수한 X선으로 우리 몸을 여러 각도에서 찍은 뒤, 컴퓨터로 우리 몸의 횡단면을 하나의 사진으로 합성해. 그러면 우리 몸 어디에 구멍이 나거나 종기가 났는지, 그 크기가 어느 정도인지 등을 보다 잘 알 수 있어.

### 붕산 [88쪽]

냄새 없는 하얀 가루야. 바퀴벌레나 개미는 붕산을 먹으면 배설을 하지 못해서 죽게 돼. 그래서 바퀴벌레 퇴치제로 쓰이는 거야. 붕산은 균을 죽이는 성질도 있어서, 방부제나 살균제로도 많이 쓰여.